LV·Buch

Wir lieben das Landleben.

Hackfleisch ist nicht nur in Deutschland, sondern auch international sehr beliebt und wird in jeder Küche gern eingesetzt. Buletten, Hackbraten, Chili con Carne oder die klassische Bolognese-Sauce: Auf nahezu jeder Speisekarte und jedem heimischen Speiseplan findet sich mindestens ein Hackfleischgericht. Hackfleischgerichte sind unkompliziert in der Zubereitung. Man muss kein Kochprofi sein, um Leckeres mit Hackfleisch auf den Tisch des Hauses zu bringen. Auch aufgrund ihrer Garzeiten passen Hackfleischgerichte sehr gut in den heutigen Küchenalltag, in dem oft die Zeit zum aufwendigen Kochen

Vo

In diesem Buch finden Sie eine Sammlung abwechslungsreicher Rezeptideen, in der die deftigen Klassiker genauso vertreten sind wie exotischere Varianten aus aller Welt. Alle Gerichte sind einfach zuzubereiten, entbehren aber dennoch nicht der Raffinesse: dank der unterschiedlichsten Gewürze und Zubereitungsarten.

Ich bedanke mich bei meiner Familie, bei Freunden und Bekannten für ihre Unterstützung. Sie alle hatten ein leckeres Hackfleisch-Rezept in petto, das sie mir für dieses Buch überlassen haben. Mir hat es großen Spaß gemacht, die Gerichte nachzukochen.

Auch Ihnen wünsche ich viel Vergnügen bei der Zubereitung und beim Genuss der „Leckeren Hackfleischgerichte".

Mario Dieringer

Berliner Buletten S. 12

Wirsing-Hack-Auflauf S. 84

LECKERE Hackfleisch-Rezepte

Hackfleisch –

Hackfleisch, gut zubereitet, ist nicht nur schmackhaft, sondern auch gesund. Es enthält viele Vitamine und Mineralstoffe, wie zum Beispiel B-Vitamine, Eisen und Zink. Das durch den Fleischwolf gedrehte Muskelfleisch ist qualitativ hochwertig und hat eine kurze Garzeit. Dadurch bleiben wertvolle Vitamine und Mineralien größtenteils erhalten. Wichtig ist, dass nur frisches Hackfleisch zubereitet wird. Ein wichtiges Kennzeichen für Frische ist die kräftige rote Farbe, die aber – je nach Fleischsorte – unterschiedlich ausgeprägt ist. Am dunkelsten ist Rindshackfleisch, gefolgt von Lamm, Schwein und Geflügel. Ist das Hackfleisch schon leicht grau, sollte es nicht mehr zubereitet und verzehrt werden. Auch Hackfleisch, das in der Auslage intensiv rot ausschaut und glänzt, sollte nicht

Bestandteil gesunder Ernährung

verwendet werden. Denn das ist kein Indiz für Frische, sondern ein sicheres Zeichen dafür, dass Flüssigkeit aus dem Zell-gewebe des Fleisches tritt und dieses schon ein wenig zu lange zum Verkauf ausliegt. Ein weiteres Indiz für Frische ist der Geruch. Frisches Hackfleisch riecht gut. Verströmt es einen süßlichen oder ranzigen Geruch, sollten Sie von seiner Zubereitung unbedingt Abstand nehmen. Schlecht riechendes Hackfleisch sollte selbstverständlich direkt entsorgt werden.

RIND, SCHWEIN, LAMM ODER GEFLÜGEL

Für die Herstellung von Hackfleisch eignen sich viele Fleischsorten. In erster Linie kommt es dabei auf das Gericht an, das Sie zubereiten wollen. Das preiswerteste Hackfleisch ist das vom Schwein. ***Schweinehackfleisch*** wird in der Regel als gewürztes Mett oder auch roh verkauft. Auch in vielen Würsten wird Schweinehack verarbeitet. Sein Fettgehalt darf 35 % nicht übersteigen. In Kombination mit Rinderhackfleisch – gemischtes Hack oder „halb und halb" – liegt der Fettgehalt ebenfalls bei maximal 35 %. Intensiver im Geschmack ist ***Rinderhackfleisch***. Leider ist es aber auch teurer. Reines Rinderhackfleisch hat einen Fettgehalt von höchstens 20 % und ist deutlich dunkler gefärbt als das Hackfleisch vom Schwein.
Ganz fettarm ist das ***Beefsteakhack*** – auch bekannt als ***Schabefleisch*** oder ***Tatar***. Es wird aus der Oberschale oder dem Rouladenstück des Rindes, also aus sehnenfreiem und fettarmem Muskelfleisch hergestellt. Tatar ist sehr viel feiner zerhackt als das normale Hackfleisch und wird auch gern roh gegessen. Schabefleisch oder Tatar ist mit maximal 6 % Fettgehalt das teuerste, aber auch das magerste Hackfleisch, das es im Handel zu kaufen gibt. Wer genießen und

gleichzeitig auf die Kalorienzufuhr und seine „Linie" achten möchte, ist gut beraten, zum Tatar zu greifen.

In der südländischen und auch arabischen Küche ist ***Lammfleisch*** sehr beliebt. Hergestellt wird es aus dem Schulterfleisch der Lämmer. Hackfleisch vom Lamm wird in der deutschen Küche nur selten verwendet und muss daher meist beim Metzger vorbestellt werden. Lammhackfleisch ist in der Farbe nicht ganz so dunkel wie das Hackfleisch vom Rind. Es zeichnet sich durch einen intensiven, aber dennoch weichen und zarten Geschmack aus.

Nur auf Bestellung wird in Deutschland ***Wild- und Geflügelhackfleisch*** vom Metzger zubereitet. Es spielt hierzulande meist nur bei der Produktion von Wurstwaren eine Rolle. Hackfleisch von Wild und Geflügel muss sehr schnell verarbeitet werden, denn es ist sehr anfällig für Bakterien- und Keimbildung und kann deshalb sehr schnell verderben. Die Gefahr von Trichinen- und Salmonellenbakterien sind Grund dafür, dass es im Rohzustand in Deutschland nicht verkauft werden darf. Demnach sollte Wild- und Geflügelfleisch in der eigenen Küche durch den Fleischwolf gedreht werden. Bitte beachten Sie: Essen Sie Wild- und Geflügelhackfleisch niemals roh, sondern nur durchgegart.

DER RICHTIGE UMGANG MIT HACKFLEISCH

Wenn man Hackfleisch in der Küche vor- und zubereitet, sollte man dies stets unter einwandfreien hygienischen Bedingungen tun. Hackfleisch ist anfällig für Keime aller Art. Bekannt und gefürchtet sind hier z. B. Salmonellen. Deshalb sollten Sie Hackfleisch schnell verarbeiten und es wirklich nur dann roh genießen, wenn es noch sehr frisch ist. Sie sollten Hackfleisch stets abgepackt und getrennt von anderen Lebensmitteln lagern, damit Keime nicht auf andere Lebensmittel übertragen werden. Außerdem muss es unbedingt kühl aufbewahrt werden. Bei längeren Einkaufswegen empfiehlt es sich, eine Kühltasche bei sich zu haben, damit die Kühlkette nicht unterbrochen wird. Nach Möglichkeit sollte Hackfleisch immer am Tag des Einkaufs verarbeitet werden (Hackfleisch immer gut durchbraten/-garen). Gefrorenes Hackfleisch muss nach dem Auftauen sofort verarbeitet und darf auf gar keinen Fall wieder eingefroren werden. Wird Hackfleisch in der eigenen Küche selbst mit dem Fleischwolf hergestellt, müssen die Küchengeräte gründlich gereinigt werden, da ansonsten auch hier die Gefahr der Bakterienbildung besteht.

Arabischer Hackbraten

ZUTATEN *(für 4 Personen)*

1 kg Hackfleisch (Rind)
3 rote Zwiebeln
3 altbackene Brötchen
3 Eier
140 g gehackte Mandeln
140 g Rosinen
8 EL Öl
1 Prise Kreuzkümmel
1 Prise Cayennepfeffer
Salz, Pfeffer aus der Mühle
140 g gehackte Mandeln
200 g Magermilchjoghurt
6 EL Zitronensaft
190 g saure Sahne
2 Bund glatte Petersilie
500 g Tomaten
1 Prise Zucker

Arabischer Hackbraten

ZUBEREITUNG

BRÖTCHEN in lauwarmem Wasser einweichen, ausdrücken und in eine Schüssel geben. Hackfleisch, Eier und Rosinen hinzufügen. Zwiebeln würfeln und zusammen mit zwei Dritteln der Mandeln in 3 EL Öl anrösten. Etwas abkühlen lassen und zum Hackfleisch geben. Alles gut miteinander verkneten und mit Salz, Kreuzkümmel, Cayenne- und schwarzem Pfeffer kräftig würzen.

AUS DER HACKFLEISCHMISCHUNG einen Laib formen und diesen auf ein eingefettetes Backblech legen. Mit nassen Händen die Oberfläche glatt streichen. Anschließend mit der Hälfte der gehackten Mandeln bestreuen, diese fest andrücken. Danach das Ganze in den auf 180 °C vorgeheizten Backofen schieben und nur mit Unterhitze auf mittlerer Schiene ca. 60 Minuten braten.

FÜR DEN DIP Joghurt mit 2 EL Zitronensaft verrühren, die saure Sahne dazugeben und mit Salz, Pfeffer und Kreuzkümmel abschmecken. Zum Schluss die restlichen gehackten Mandeln unterheben.

FÜR DEN SALAT Tomaten waschen, entkernen und in größere Würfel schneiden. Die Petersilie klein schneiden und mit den Tomatenwürfeln vermengen. Den restlichen Zitronensaft und das verbliebene Öl mit Salz, Pfeffer und Zucker vermischen und über die Tomaten geben. Alles gut vermengen. Zusammen mit Dip und Salat servieren.

ZUTATEN *(für 4 Personen)*

500 g Hackfleisch
(½ Rind, ½ Schwein)
500 g Bandnudeln
2 Zwiebeln
1 Knoblauchzehe
1 EL Tomatenmark
Salz, Pfeffer, Paprikapulver
1 Chilischote
½ Bund frischer Thymian
3 EL Olivenöl
200 g geriebener Gouda
1 Ei
1 Tasse Rindfleischbrühe
6 Tomaten

Bandnudelauflauf

MIT HACKFLEISCH

ZUBEREITUNG

DIE ZWIEBELN in sehr kleine Würfel schneiden und zusammen mit der gepressten Knoblauchzehe zum Hackfleisch geben. Tomatenmark, Salz, Pfeffer, Paprikapulver, die klein geschnittene und entkernte Chilischote und den gehackten Thymian ebenfalls hinzufügen. Dann das Ei und die Rindfleischbrühe über die Masse geben. Alles miteinander vermengen.

DIE TOMATEN in Scheiben schneiden. Die Bandnudeln al dente kochen und abgießen. Die noch heißen Nudeln zurück in den Topf geben, mit dem Olivenöl begießen und durchrühren. Alle Zutaten abwechselnd in einen Römertopf schichten. Mit den Nudeln beginnen, dann Hackfleisch darauf schichten und mit Tomatenscheiben bedecken. Weiter so verfahren. Mit einer Schicht Nudeln abschließen und diese mit dem Käse bestreuen.

DEN RÖMERTOPF verschließen und in den noch kalten Ofen schieben. Bei 180 °C auf mittlerer Schiene 45 Minuten im Ofen belassen. Dann den Deckel abnehmen und den geschmolzenen Käse noch ein wenig nachbräunen lassen.

TIPP: *Zum Bandnudelauflauf schmeckt ein grüner Salat mit Zitronendressing am besten.*

Bandnudelauflauf

MIT HACKFLEISCH

Berliner Buletten

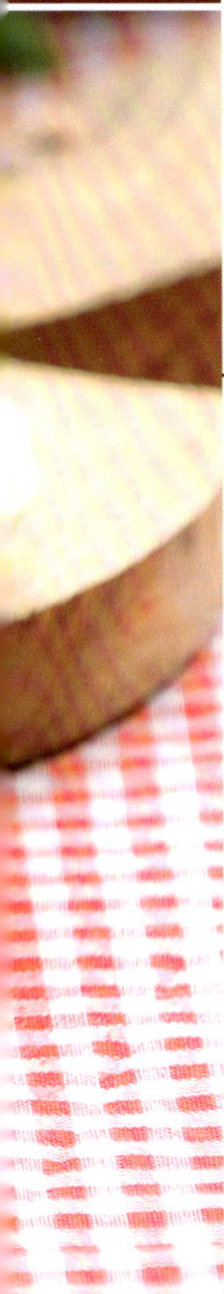

ZUTATEN *(für 4 Personen)*
1 kg Hackfleisch (½ Rind, ½ Schwein)
2 Zwiebeln
2 Eier
2 altbackene Weißbrötchen
1 Bund Petersilie
2 TL mittelscharfer Senf
Schmalz oder Butter zum Braten
1 Schuss Milch

Berliner Buletten

ZUBEREITUNG

ETWAS MILCH mit Wasser mischen und die Weißbrötchen für ein paar Minuten darin einweichen. Dann ausdrücken und in eine Schüssel geben.

DIE ZWIEBELN würfeln, mit etwas Butter in der Pfanne glasig dünsten und anschließend zusammen mit Eiern, Senf, gehackter Petersilie, Salz und Pfeffer zu den Brötchen geben. Die Masse mit einem Schneebesen gut verrühren. Anschließend das Hackfleisch zugeben und alles gut durchkneten.

AUS DER HACKFLEISCHMASSE Buletten formen. Das gelingt am besten, wenn die Hände immer wieder mit Wasser nass gemacht werden. Die Buletten in Schmalz oder Butter bei mittlerer Hitze in der Pfanne braten.

TIPP: *Serviert werden die Buletten am besten mit dem eigenen Bratensaft und Salzkartoffeln. Kalt schmecken sie wunderbar mit einem pikanten Senf und frischem Bauernbrot.*

ZUTATEN *(für 4 Personen)*

- 500 g Hackfleisch (Rind)
- 100 g fetter Speck
- 3 EL Olivenöl
- 1 große Zwiebel
- 1 große Knoblauchzehe
- 500 g Rispentomaten (oder geschälte Tomaten aus der Dose)
- 1 kleine Dose Tomatenmark
- 1 Karotte
- 100 g Staudensellerie
- 150 ml Rotwein
- 1 Becher Crème fraîche
- Salz, Pfeffer
- 1 Bund Oregano
- 1 Stängel frischer Rosmarin
- 200 g frischer Parmesankäse

Bolognese „Granarolo"

ZUBEREITUNG

DIE FRISCHEN TOMATEN kreuzweise einschneiden, für 30 Sekunden in kochendes Wasser tauchen und schälen. Danach Tomaten ebenso wie die Karotte und den Staudensellerie in kleine Würfel schneiden und im heißen Olivenöl glacieren.

IN EINER ZWEITEN PFANNE Speck auslassen. Speckwürfel herausnehmen und beiseitestellen. Das Hackfleisch in diesem Fett anbraten. Karotten und Staudensellerie unterrühren. Die Zwiebel würfeln und hinzufügen. Das Ganze noch weitere 3 Minuten braten.

IN DER PFANNENMITTE eine Vertiefung schaffen und das Tomatenmark hineingeben. Dieses unter ständigem Rühren so lange erhitzen, bis es eine dunkle Farbe angenommen hat. Dann den Knoblauch pressen und zum Tomatenmark geben. Das Ganze eine weitere Minute unter ständigem Rühren erhitzen. Nun das Hackfleisch mit dem Tomatenmark vermengen und mit Rotwein ablöschen. Die Tomatenwürfel hinzugeben und die Bolognese bei niedriger Hitze für 30 bis 40 Minuten garen lassen. 5 Minuten vor Kochende die gehackten Kräuter unter die Sauce heben. Serviert wird die Bolognese Granarolo mit Hartweizen-Makkaroni. Die Sauce über die Nudeln verteilen, mit einem halben Teelöffel Crème fraîche dekorieren und mit geriebenem Parmesan bestreuen.

INFO: *Dieses Gericht ist nach dem Dorf Granarolo der Emilia Romagna, einer Region im Norden Italiens benannt.*

Bolognese „Granarolo“

Cremiges Hackfleischrisotto

ZUTATEN *(für 4 Personen)*
4 Tassen Vollkornreis
12 Tassen Rinderbrühe
500 g Rinderhackfleisch
2 große Zwiebeln
1 Dose Erbsen
1 Dose Mais
Saft von 1 Zitrone
50 ml Sahne
Öl
Salz, Pfeffer

Cremiges Hackfleischrisotto

ZUBEREITUNG
DEN REIS in heißem Öl gut anrösten und mit der Rinderbrühe ablöschen. Kurz aufkochen lassen und dann bei geringer Hitze so lange köcheln lassen, bis er gar ist. Eventuell nochmals Brühe nachgießen.

PARALLEL in einer Pfanne die gewürfelten Zwiebeln glasig dünsten. Das Hackfleisch hinzugeben und mit Salz und viel Pfeffer würzen. Dann das gebratene Hackfleisch unter den Reis heben. Die Erbsen und den Mais abtropfen lassen und hinzufügen. Das Risotto für weitere 5 Minuten ziehen lassen und zum Schluss mit Zitronensaft abschmecken.

KURZ VOR DEM SERVIEREN die Sahne unterrühren. So wird das Risotto cremig.

ZUTATEN *(für 4 Personen)*

FÜR DIE FRIKADELLEN:
500 g Entenbrust oder entbeinte Entenkeulen
1 altbackenes Brötchen, 1 Tasse Milch
1 große rote Zwiebel, 1 Knoblauchzehe
½ Bund Petersilie, Salz, Pfeffer
Sonnenblumenöl

FÜR DIE SAUCE:
¼ l Kalbsfond, 100 ml Rotwein
1 EL kalte Butter

FÜR DEN APFELROTKOHL:
500 g Rotkohl
1 Apfel (Boskop)
1 große rote Zwiebel
Butterschmalz
3 EL Balsamico Essig
150 ml Rotwein
2 Lorbeerblätter
2 EL Preiselbeeren

Entenfrikadellen

AN APFELROTKOHL

ZUBEREITUNG

FÜR DIE FRIKADELLEN das Brötchen zerkleinern und in warmer Milch einweichen. Das Entenfleisch mit Haut vom Metzger durch den Fleischwolf drehen lassen. Eine Zwiebel in feine Würfel schneiden und zusammen mit Brötchen und Fleisch in eine Schüssel geben. Petersilie hacken, Knoblauch durchpressen und beides hinzufügen. Alles gut vermengen und mit Salz und Pfeffer abschmecken. Frikadellen formen und von beiden Seiten gut in Öl anbraten. Hitze auf kleinste Stufe reduzieren und die Frikadellen gar ziehen lassen.

FÜR DEN APFELROTKOHL Apfel und Zwiebel würfeln und beides in Butterschmalz anschwitzen. Rotkohl in Streifen schneiden und mit den Lorbeerblättern zu den Zwiebel- und Apfelwürfeln geben. Mit Essig und Rotwein ablöschen. Rotkohl bei geschlossenem Deckel mindestens 20 Minuten garen lassen. Die Preiselbeeren hinzufügen, alles mit Salz und Pfeffer abschmecken und weitere 15 Minuten garen lassen. (Der Rotkohl schmeckt noch besser, wenn er schon am Vortag zubereitet wurde.)

FÜR DIE SAUCE Kalbsfond in einen kleinen Topf geben und zusammen mit Rotwein einkochen lassen. Kurz vor dem Servieren die Sauce mit kalter Butter montieren. Die Frikadellen mit Sauce und Rotkohl anrichten.

TIPP: *Dazu passen Salz- oder Petersilienkartoffeln, Rösti oder Kartoffelpüree.*

Entenfrikadellen

AN APFELROTKOHL

Feuriges Chili

MIT SCHOKOLADE & KAFFEE

ZUTATEN *(für 4 Personen)*

800 g Hackfleisch (½ Rind, ½ Schwein)
5 Zwiebeln
4 Knoblauchzehen
5 Chilischoten
2 grüne Paprikaschoten
1 Dose Mais
5 Packungen Chilibohnen
650 g geschälte Tomaten
1/2 Tafel geraspelte Bitterschokolade
2 EL Paprikapulver, edelsüß
2 EL Paprikapulver, rosenscharf
2 EL frischer gehackter Oregano
2 TL Chilipulver
2 TL Kreuzkümmel
300 ml schwarzer gebrühter Kaffee
300 ml Schwarzbier
300 ml Rindfleischbrühe
25 ml Whisky
Öl

Feuriges Chili

MIT SCHOKOLADE & KAFFEE

ZUBEREITUNG

ZWIEBELN UND PAPRIKA würfeln. Chilischoten entkernen und klein hacken. Wer es noch schärfer mag, belässt die Kerne in den Schoten. Knoblauch ebenfalls klein hacken. Den Mais abgießen.

ETWAS ÖL in einem großen Topf erhitzen, das Hackfleisch hineingeben und krümelig braten. Zwiebel- und Paprikawürfel, gehackte Chilis und den Knoblauch hinzufügen und alles gut vermengen. Dann mit Rindfleischbrühe, Kaffee, Bier und Whisky aufgießen und ca. 30 Minuten einkochen lassen.

DANN die geschälten Tomaten, die geraspelte Schokolade und die Gewürze dazugeben. Gut verrühren und auf geringer Hitze 60 Minuten köcheln lassen. Abschließend die Bohnen unterrühren und das Chili weitere 30 Minuten ziehen lassen. Mit Reis oder warmem Baguette servieren.

TIPP: *Am besten schmeckt jedes Chili, wenn man es über Nacht stehen lässt und erst am nächsten Tag serviert.*

ZUTATEN *(für 4 Personen)*
500 g Hackfleisch (Lamm)
500 g Hackfleisch (Rind)
4 EL Haferflocken
4 EL gehackte Walnüsse
4 EL gehackte Pistazien
2 Eier
8 EL Lammfond
Salz, Pfeffer aus der Mühle
200 g Briekäse
200 g Haselnussblättchen

Französische Frikadellen

MIT NÜSSEN & PISTAZIEN

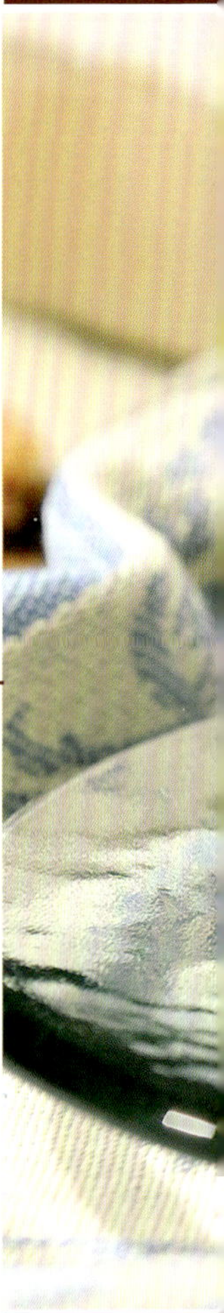

ZUBEREITUNG

DAS LAMM- UND RINDSHACKFLEISCH zusammen in eine Schüssel geben und mit Haferflocken, Walnüssen, Pistazien, Eiern und dem Lammfond verkneten. Mit Salz und Pfeffer abschmecken.

DAS HACKFLEISCH in 12 Portionen teilen und daraus Kugeln formen (davor die Hände mit Wasser anfeuchten). Mit dem Daumen jeweils eine Vertiefung eindrücken und diese mit Briekäse füllen. Die Vertiefung wieder zusammendrücken und die Frikadellen zu gleichmäßigen Kugeln formen. Diese dann auf einem Holzbrett flach drücken.

DIE FRIKADELLEN in den Haselnussblättchen wälzen und auf einem mit Backpapier ausgelegten Backblech verteilen. Den Backofen auf 80 °C vorheizen und die Frikadellen langsam 2 Stunden garen lassen.

Französische Frikadellen

MIT NÜSSEN & PISTAZIEN

TIPP: *Die Frikadellen mit einem frischen Salat an Nussdressing und/oder einem Kartoffelgratin servieren.*

Gefüllte Gurken

ZUTATEN *(für 4 Personen)*
600 g Hackfleisch
(½ Rind; ½ Schwein)
4 Salatgurken
2 Zwiebeln
3 TL frischer gehackter Majoran
4 Eier
2 altbackene Brötchen
100 g Butterflocken
4 EL Semmelbrösel
Salz, Pfeffer

Gefüllte Gurken

ZUBEREITUNG

DIE BRÖTCHEN zerkleinern, in lauwarmem Wasser einweichen, ausdrücken und in eine Schüssel geben. Die Zwiebeln fein würfeln und zusammen mit dem Hackfleisch und Majoran zu den Brötchen geben. Die Eier darüber aufschlagen und alle Zutaten zu einer geschmeidigen Masse kneten.

DIE GURKEN schälen und der Länge nach halbieren. Mit einem Löffel entkernen, aushöhlen und mit Hackfleisch füllen. Die gefüllten Gurken auf ein gefettetes Backblech legen und mit den Semmelbröseln bestreuen. Abschließend Butterflocken darauf setzen.

DEN BACKOFEN auf 200 °C vorheizen und die gefüllten Gurken ca. 20 Minuten überbacken.

TIPP: *Dieses Rezept eignet sich für fast alle Arten von Gemüsesorten, die man füllen kann: z. B. Zucchini, Auberginen, Paprika usw.*

ZUTATEN *(für 4 Personen)*

600 g Hackfleisch
(½ Rind, ½ Schwein)
1 Weißkohl
300 ml Hühnerbrühe
100 g Reis
4 EL Olivenöl, 6 Oliven
1 Bund frische Minze
2 Zwiebeln, Salz und Pfeffer

FÜR DIE SAUCE:
2 Eier
Zitronensaft und Abrieb von 1 Zitrone
Salz, Muskatnuss

Gefüllte Weißkohltaschen

MIT ZITRONENSAUCE

ZUBEREITUNG

DIE ÄUSSEREN BLÄTTER des Kohlkopfes entfernen und den Strunk herausschneiden. Den Weißkohl in kochendes Salzwasser geben und 10 Minuten garen. Danach mit einer Schaumkelle herausheben und abtropfen lassen.

DEN REIS KOCHEN, abgießen und in eine Schüssel geben. Die Zwiebeln würfeln, in Öl glasieren und zum Reis geben. Dann das Hackfleisch hinzufügen. Die Oliven entkernen, in dünne Scheiben schneiden und zusammen mit den fein gehackten Minzeblättern zum Hackfleisch geben. Gut vermengen und durchkneten.

DIE WEISSKOHLBLÄTTER vorsichtig lösen, mit jeweils 1 EL der Hackfleischmischung befüllen, einschlagen und mit Küchengarn fixieren. Eine Kasserolle mit Öl einfetten und mit Kohlblättern auslegen. Die gefüllten Kohlblätter hineinlegen. Mit Hühnerbrühe und dem restlichen Öl aufgießen und zugedeckt bei geringer Hitze 45 Minuten garen.

FÜR DIE SAUCE die Eier trennen. Das Eiweiß mit eine Prise Salz und Muskatnuss würzen und sehr steif schlagen. Dann die Eigelbe vorsichtig unterheben. Langsam den Schalenabrieb und Zitronensaft untermischen. Die gefüllten Weißkohltaschen auf Tellern anrichten und mit der Zitronensauce servieren.

Gefüllte Weißkohltaschen

MIT ZITRONENSAUCE

Gefüllte Kartoffelklöße

MIT LAUCHGEMÜSE

ZUTATEN *(für 4 Personen)*

1 kg fertiger Teig für Kartoffelklöße
500 g Hackfleisch
(½ Rind, ½ Schwein)
200 g Schmand
1 Knoblauchzehe
Salz, Pfeffer, Paprikapulver

FÜR DAS LAUCHGEMÜSE:
4 Stangen Lauch
1 EL Margarine
3 EL Mehl, Semmelbrösel
1,5 l Salzwasser
Maggi

Gefüllte Kartoffelklöße

MIT LAUCHGEMÜSE

ZUBEREITUNG

DAS HACKFLEISCH mit Salz, Pfeffer, Paprika und dem durchgepressten Knoblauch gut würzen und verkneten.

DEN KARTOFFELTEIG in gleich große Portionen teilen (Größe nach Belieben, z. B. 8 oder 10). Aus den einzelnen Portionen jeweils Klöße formen (mit nassen Händen geht das sehr gut). Mit dem Daumen eine Vertiefung hineindrücken, den Kloß drehen und dabei mit dem Daumen die Vertiefung vergrößern. Ist sie groß genug, mit Hackfleisch befüllen. Mit dem überstehenden Kartoffelteig den Kloß verschließen und wieder rund formen. Anschließend die Klöße in eine gefettete Auflaufform geben. Mit einem Küchenpinsel den Schmand auf den Klößen verteilen und das Ganze bei 180 °C im Backofen 1 Stunde garen.

FÜR DAS LAUCHGEMÜSE die Lauchstangen waschen, in feine Ringe schneiden und in Salzwasser gar kochen. Lauch abgießen und den Kochsud dabei auffangen.

IN EINER PFANNE Margarine erhitzen und das gesiebte Mehl andünsten, bis es sich gelblich färbt. Den Lauch dazugeben, alles gut durchrühren, mit dem Kochsud vom Lauch auffüllen und aufkochen lassen. Danach Semmelbrösel unterrühren, bis das Lauchgemüse schön sämig ist.
Mit Salz, Pfeffer und Maggi abschmecken.

DIE KARTOFFELKLÖSSE auf den Tellern anrichten und üppig mit Lauchgemüse übergießen.

ZUTATEN *(für 4 Personen)*

800 g Hackfleisch (Rind)	300 g Möhren
1 Weißkohl	500 ml Rindfleischbrühe
2 altbackene Brötchen	200 g Dörrfleisch in Scheiben
3 Eier	Butter zum Fetten
2 Zwiebeln	Saucenbinder
1 Knoblauchzehe	Salz, Pfeffer

Geräucherte Dörrfleischrouladen

MIT MÖHREN

ZUBEREITUNG

VOM WEISSKOHL die 8 großen äußeren Blätter vorsichtig ablösen, waschen und in kochendem Wasser blanchieren. Dann die Weißkohlblätter herausnehmen und beiseitestellen.

DIE BRÖTCHEN in lauwarmem Wasser einweichen, ausdrücken und in eine Schüssel geben. Fein gehackte Zwiebeln, Hackfleisch, Eier und Knoblauch dazugeben und die Zutaten gut verkneten. Mit Salz und Pfeffer abschmecken.

DIE HACKFLEISCHMISCHUNG auf den blanchierten Kohlblättern verteilen, diese zu Rouladen rollen. Anschließend mit den Dörrfleischscheiben umwickeln und mit Küchengarn oder Zahnstochern fixieren.

MÖHREN schälen und der Länge nach in Stifte schneiden. Eine feuerfeste Form einfetten und mit den Möhren auslegen. Dann die Kohlrouladen darauf verteilen. Die Rindfleischbrühe zugießen, bis die Rouladen zur Hälfte mit Brühe bedeckt sind. Pergamentpapier mit Butter einfetten und die Rouladen damit bedecken. Alles in den Backofen geben und bei 180 °C 90 Minuten schmoren. Nach 45 Minuten die Rouladen wenden, damit sie von allen Seiten gut durch sind. Dann die Rouladen aus dem Backofen nehmen, aus der Brühe heben und zusammen mit den Möhrenstiften auf Tellern anrichten oder im Ofen warm halten.

DIE BRÜHE auf dem Herd kurz aufkochen und mit etwas Saucenbinder andicken. Die Rouladen vor dem Servieren großzügig mit Sauce begießen.

Geräucherte Dörrfleischrouladen

MIT MÖHREN

TIPP: *Dazu passen Salz- oder Petersilienkartoffeln als Beilage wunderbar.*

Hackbällchen

IM KOKOSMANTEL

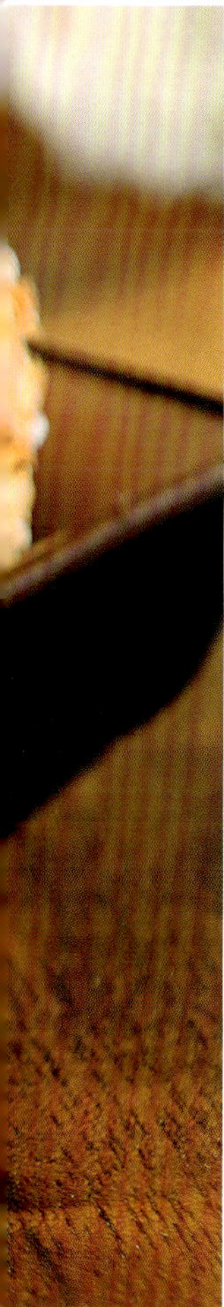

ZUTATEN *(für 4 Personen)*
500 g Hackfleisch (Rind)
2 Scheiben Toastbrot
3 Eier
100 ml Kokosmilch
200 g Kokosraspeln
1 EL Mehl
500 ml Erdnussöl
Curry, Salz und Pfeffer

Hackbällchen

IM KOKOSMANTEL

ZUBEREITUNG

DAS TOASTBROT in der Kokosmilch 5 Minuten einweichen. Danach das Hackfleisch und 1 Ei hinzugeben und alles zu einer geschmeidigen Masse verkneten. Mit Salz, Pfeffer und Curry abschmecken. Aus der Masse tischtennisball-große Hackbällchen formen.

DIE RESTLICHEN 2 EIER mit dem Mehl schaumig schlagen. Dann die Hackbällchen darin wenden und anschließend in den Kokosraspeln wälzen. Die Raspeln mit der Hand fest drücken, damit sie sich beim Frittieren nicht lösen.

DAS ERDNUSSÖL in einem großen Topf (oder in der Fritteuse) erhitzen und die Hackbällchen für ca. 20 Sekunden darin frittieren. Diese im Anschluss auf ein Backblech legen und im vorgeheizten Backofen bei 80 °C 20 Minuten fertig garen. Die Garzeit verkürzt bzw. verlängert sich je nach Größe der Hackbällchen.

TIPP: *Die Kokoshackbällchen sind appetitliche Häppchen für zwischendurch: z. B. ideal als Fingerfood auf dem Party-Buffet.*

ZUTATEN *(für 4 Personen)*
400 g rote Beete
500 g Hackfleisch (Rind)
50 g Haferflocken
2 Eier
50 g Magerquark
250 ml Brühe
50 g Semmelbrösel
50 g gemahlene Haselnüsse
2 TL frisch geriebener Meerrettich
50 g Butterflocken
Paprikapulver, Salz, Pfeffer

Hackfleisch-Auflauf

MIT ROTER BETE

ZUBEREITUNG

ROTE BETE in Salzwasser ca. 20–30 Minuten garen. (Die Rote Beete sollten nicht zu groß sein, weil sonst der Garprozess sehr lang dauert.) Danach enthäuten und in sehr dünne Scheiben schneiden.

DEN BACKOFEN auf 180 °C vorheizen. Das Rindshackfleisch in eine Schüssel geben und mit Haferflocken, Eiern und Magerquark verkneten. Mit Salz, Pfeffer und Paprikapulver abschmecken. Anschließend die Hackmischung abwechselnd mit den Rote-Bete-Scheiben in eine Auflaufform schichten und mit der heißen Brühe übergießen.

DIE SEMMELBRÖSEL mit Haselnüssen und geriebenem Meerrettich mischen und den Hackfleisch-Auflauf damit bestreuen. Abschließend die Butterflocken darauf verteilen und den Auflauf im Backofen ca. 30 Minuten garen.

TIPP: *Zu diesem Auflauf passt ein knackiger Karottensalat wunderbar.*

Hackfleisch-Auflauf

MIT ROTER BETE

Hackfleisch-Kartoffelpüree-Auflauf

ZUTATEN *(für 4 Personen)*
1 kg Hackfleisch
(½ Rind, ½ Schwein)
500 g Kartoffeln
250 g Emmentaler
1 Tasse Milch
1 EL Butter
4–5 Tomaten
1 Knoblauchzehe
1 Zwiebel
Salz, Pfeffer, Muskatnuss

Hackfleisch-Kartoffelpüree-Auflauf

ZUBEREITUNG

HACKFLEISCH in eine beschichtete Pfanne geben und zusammen mit Zwiebelwürfeln und gepresstem Knoblauch bei mittlerer Temperatur krümelig braten. Mit Salz und Pfeffer abschmecken.

KARTOFFELN schälen, vierteln und im Salzwasser gar kochen. Die Kartoffeln anschließend zerstampfen, Milch und Butter zugeben und mit dem Rührgerät zu einem cremigen Kartoffelpüree verarbeiten. Mit Muskatnuss abschmecken.

HACKFLEISCH in eine Auflaufform geben und mit Tomatenscheiben belegen. Danach das Kartoffelpüree gleichmäßig in der Auflaufform verteilen (gelingt gut mit einem Spritzbeutel und großer Tülle). Den geriebenen Emmentaler darüber streuen. Anschließend in dem auf 180 °C vorgeheizten Backofen so lange backen, bis der Käse eine goldbraune Farbe angenommen hat.

TIPP: *Zu diesem Auflauf ist ein frischer grüner Salat die perfekte Ergänzung.*

ZUTATEN *(für 4 Personen)*

500 g Hackfleisch
(½ Rind, ½ Schwein)
400 g Mehl
8 Eier
1 TL Salz
4 große Zwiebeln
300 g geriebener Gouda
1 Knoblauchzehe
Salz, Pfeffer, Paprikapulver
Sonnenblumenöl

Hackfleisch-Käsespätzle

MIT GERÖSTETEN PAPRIKAZWIEBELN

ZUBEREITUNG

FÜR DIE SPÄTZLE Mehl in eine Schüssel geben und mit den Eiern zu einem zähflüssigen Teig vermengen. Dafür ein Rührgerät verwenden. Der Teig ist gut, wenn sich Blasen bilden.

ZWISCHENZEITLICH in einem großen Topf Salzwasser zum Kochen bringen. Für handgeschabte Spätzle Teig auf ein Spätzlebrett oder ein normales Frühstücksbrett mit glatter Oberfläche gleichmäßig verstreichen. Mit einem großen schweren Messer nun den Teig direkt ins kochende Wasser schaben. Dabei das Messer stets eintauchen, damit sich der Teig gut löst. Die Spätzle sind gar, wenn sie an der Wasseroberfläche schwimmen. Herausnehmen und in einem Sieb abtropfen lassen. Diese Prozedur so lange wiederholen, bis die Teigmasse verarbeitet ist.

IN EINER GROSSEN PFANNE etwas Öl erhitzen und das Hackfleisch anbraten. Nach Belieben mit Salz, Pfeffer und Paprikapulver abschmecken. In einer zweiten Pfanne Zwiebelringe im Öl anschwitzen, großzügig mit Paprikapulver bestäuben und kross braten.

DIE SPÄTZLE zum Hackfleisch geben, alles gut vermengen und braten. Zuletzt den Käse unterheben und das Ganze so lange auf dem Herd belassen, bis der Käse geschmolzen ist. Die Spätzle auf Tellern anrichten und mit den Paprikazwiebeln bestreuen.

TIPP: *Als Beilage schmeckt ein frischer Gurkensalat sehr gut.*

Hackfleisch-Käsespätzle

MIT GERÖSTETEN PAPRIKAZWIEBELN

Hackfleisch-Lasagne mit Blau

schimmelkäse

ZUTATEN

(für 4 Personen)

FÜR DIE FÜLLUNG:

600 g Hackfleisch (Rind)
1 kleine Zwiebel
2 Knoblauchzehen
¼ Knolle Sellerie
1 große Möhre
½ Stange Lauch
2 große Tomaten
180 g pürierte Tomaten
2 EL Oregano
2 EL Thymian
1 EL Öl
Salz, Pfeffer
½ EL Mehl

FÜR DIE KÄSESAUCE:

1 kleine Zwiebel
250 ml Milch
250 ml Gemüsebrühe
70 g alter Gouda, gerieben
½ EL Mehl
Salz, Pfeffer, Muskatnuss

FÜR DIE FERTIGSTELLUNG:

80 g Blauschimmelkäse
16 Lasagne-Nudelblätter
(ohne Vorkochen)
2 EL Sesamkörner
1 EL Butterschmalz

Hackfleisch-Lasagne mit Blau

ZUBEREITUNG

ZWIEBEL, Knoblauch, Sellerie und Möhre klein würfeln, den Lauch in dünne Ringe schneiden. Oregano und Thymian klein hacken. Tomaten häuten, entkernen und in Ringe schneiden. Die Tomaten in heißes Butterschmalz geben und darin schwenken. Tomaten aus dem Fett heben und beiseitestellen.

DAS HACKFLEISCH mit der Hälfte der Zwiebelwürfel (die andere Hälfte wird für die Käsesauce gebraucht) in heißem Öl anbraten. Knoblauch dazugeben und das Gemüse (Sellerie, Möhre, Lauch) unterheben. Weitere 3 Minuten braten. Dann die pürierten Tomaten zufügen und mit Salz und Pfeffer abschmecken. Für eine bessere Bindung ½ EL Mehl darüber sieben und unterrühren. Eine Minute aufkochen und dann vom Herd nehmen.

FÜR DIE KÄSESAUCE in einem Topf Zwiebelwürfel in heißem Butterschmalz glasieren, ½ EL gesiebtes Mehl darüber stäuben und gut verrühren. Mit kalter Milch aufgießen und gut rühren, damit das Mehl nicht klumpt. Danach die Gemüsebrühe angießen und aufkochen lassen. Dann den geriebenen Gouda hinzufügen und mit Salz, Pfeffer und Muskatnuss abschmecken. Weiterrühren, damit der Käse nicht auf den Topfboden sinkt. Wenn der Käse geschmolzen ist, den Topf vom Herd nehmen.

schimmelkäse

DEN BACKOFEN auf 170 °C vorheizen. Für die Lasagne abwechselnd Lasagneblätter und das Hackfleisch (1 cm dick) in eine Auflaufform schichten. Mit Hackfleisch abschließen. Das Ganze mit der Käsesauce übergießen. Den Blauschimmelkäse würfeln und darüber verteilen. Mit Sesamkörnern bestreuen und die Lasagne für 25 Minuten in den Ofen geben. Vor dem Servieren mit Oregano und Thymian bestreuen. Die Lasagne am Rand ringsum mit den in Butterschmalz geschwenkten Tomatenringen belegen.

Hackfleischnudeln

AUF DEM WIRSINGBETT

ZUTATEN *(für 4 Personen)*

1 kg Hackfleisch
(½ Rind, ½ Schwein)
3 Paprika, 1 rote Zwiebel
9 braune Champignons
3 Eier, 3 EL Quark
3 EL Haferflocken
1 Bund Schnittlauch
Salz, Pfeffer
3 EL Sonnenblumenöl

FÜR DAS WIRSINGBETT:
1 Wirsing
1 EL Butterschmalz
300 ml Gemüsebrühe
1 TL geriebene Muskatnuss
Salz, Pfeffer

FÜR DIE ZWIEBELSAUCE:
300 ml brauner Kalbsfond
120 g gekochter Schinken
2 rote Zwiebeln
1 EL Butterschmalz
1 EL Mehl

FÜR DIE DEKORATION: 100 g Brunnenkresse

Hackfleischnudeln

AUF DEM WIRSINGBETT

ZUBEREITUNG

FÜR DIE HACKFLEISCHNUDELN eine Zwiebel, Paprika und die Pilze klein würfeln. Den Schnittlauch in Röllchen schneiden. Diese Zutaten zusammen mit dem Hackfleisch in eine Schüssel geben. Eier, Quark und Haferflocken zugeben und alles gut miteinander verkneten. Anschließend mit Salz und Pfeffer abschmecken. Aus der Masse fingerdicke „Nudeln“ formen und bei mittlerer Hitze im Öl braten.

FÜR DAS WIRSINGBETT den Wirsing putzen, grob zerkleinern und in Butterschmalz für 3–5 Minuten andünsten. Mit Gemüsebrühe aufgießen und mit Muskatnuss, Salz und Pfeffer würzen. Dann den Wirsing so lange bei mittlerer Hitze ziehen lassen, bis er gar ist, aber noch Biss hat. Aus der Brühe abschöpfen und auf den Tellern anrichten.

FÜR DIE ZWIEBELSAUCE 2 Zwiebeln in dünne Ringe schneiden und in Butterschmalz glasieren. Den Schinken würfeln und zu den Zwiebeln geben. Dann mit Kalbsfond auffüllen und ca. 10 Minuten köcheln lassen. Mit Mehl andicken und nach Belieben etwas nachwürzen.

DIE HACKFLEISCHNUDELN auf dem Wirsingbett anrichten und mit etwas Zwiebelsauce übergießen. Abschließend mit Brunnenkresse dekorieren.

ZUTATEN *(für 4 Personen)*
500 g Hackfleisch
(½ Rind, ½ Schwein)
400 g Austernpilze
1 Stange Lauch
1 Bund Petersilie
1 Bund Schnittlauch
250 ml Wasser
100 g Schlagsahne
Liebstöckel, Muskatnuss
Salz, Pfeffer
2 EL Sesamöl

Hackfleischpfanne

MIT AUSTERNPILZEN

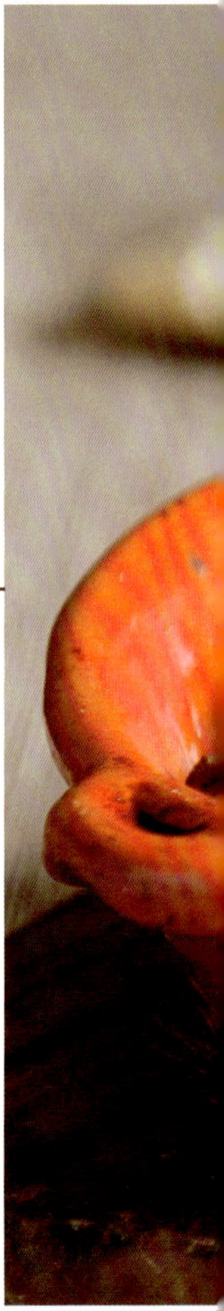

ZUBEREITUNG

DEN LAUCH putzen, waschen und in dicke Ringe schneiden. Austernpilze putzen und klein schneiden. Petersilie klein hacken und Schnittlauch in Röllchen schneiden. Das Hackfleisch mit Liebstöckel, Muskatnuss, Salz und Pfeffer würzen und durchkneten.

SESAMÖL in der Pfanne erhitzen und die Pilze darin scharf anbraten. Dann die Hitze reduzieren und Pilze weitere 7 Minuten braten. Mit einem Schaumlöffel Pilze anschließend herausheben und das Hackfleisch in diesem Öl krümelig braten. Nach einigen Minuten die Lauchringe hinzufügen. Das Hackfleisch so lange braten, bis es eine appetitliche Bräunung angenommen hat. Dann mit Wasser ablöschen und bei geschlossenem Deckel für 10 Minuten köcheln lassen. Pilze, Petersilie und Schnittlauch zum Fleisch geben und 5 Minuten erhitzen. Die Hackfleischmischung vom Herd nehmen, 1 Minute abkühlen lassen und dann erst die Sahne unterrühren.

Hackfleischpfanne

MIT AUSTERNPILZEN

TIPP: *Zu der Hackfleischpfanne passen Spätzle besonders gut (Rezept s. Seite 38). Wer es deftiger mag, wählt als Beilage Bratkartoffeln mit Speck.*

Hackfleisch-Salami-Kuchen

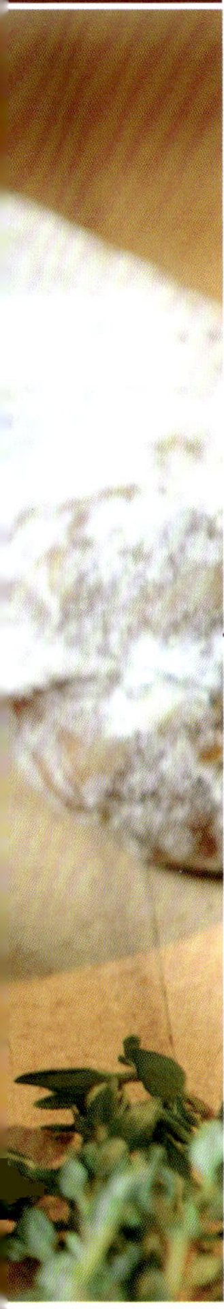

ZUTATEN *(für 4 Personen)*
500 g Hackfleisch (Rind)
300 g TK-Blätterteig
1 große rote Zwiebel
100 g roher Schinken
175 g Bratwurstmett
50 g Semmelbrösel
2 Eier
75 g herzhafte Salami
4 EL Butter
Majoran, Oregano
Salz, Pfeffer

Hackfleisch-Salami-Kuchen

ZUBEREITUNG

DEN AUFGETAUTEN BLÄTTERTEIG ausrollen und in einer mit Butter gefetteten Springform von 26 cm Durchmesser auslegen.

DIE ZWIEBEL und den Schinken fein würfeln und beides in etwas Butter andünsten. Danach in eine Schüssel geben und mit Hackfleisch, Bratwurstmett und Semmelbröseln vermischen. Die Eier hinzufügen, alles gut verkneten und mit Salz, Pfeffer und Majoran abschmecken.

DAS HACKFLEISCH in die mit Blätterteig ausgelegte Springform geben und glatt streichen. Abschließend mit den Salamischeiben bedecken und mit etwas Oregano bestreuen. In den auf 200 °C vorgeheizten Backofen geben und 25 – 30 Minuten backen.

TIPP: *Eine wunderbare Ergänzung zum eher deftigen Hackfleisch-Salami-Kuchen ist ein frischer Tomaten- oder Gurkensalat.*

ZUTATEN *(für 4 Personen)*

800 g Hackfleisch
(½ Rind, ½ Schwein)
1 altbackenes Brötchen
2 Eier, 3 Zwiebeln
4 EL Semmelbrösel
1 TL scharfer Senf
150 g Steinpilze
150 g Champignons
150 g Pfifferlinge
100 g Frühstücksspeck-Streifen
1 Bund Petersilie
1 EL Butter
2 TL Majoran
Salz, Pfeffer, Paprikapulver

Hackfleischroulade

MIT DREIERLEI PILZEN

ZUBEREITUNG

DAS BRÖTCHEN in lauwarmem Wasser einweichen, ausdrücken und in eine Schüssel geben. Zwiebeln fein würfeln und die Hälfte zusammen mit dem Hackfleisch zu dem Brötchen geben. Die Eier, eine Prise Salz, Pfeffer, Paprika und Senf dazugeben und alles zu einer geschmeidigen Masse verkneten. Alufolie auslegen, mit der Hälfte der Semmelbrösel bestreuen und die Hackfleischmasse 1 – 2 cm dick gleichmäßig darauf verteilen.

PILZE gründlich putzen und klein schneiden. Butter in einer Pfanne erhitzen und die restlichen Zwiebelwürfel darin glasieren. Die Pilze dazugeben und 5 – 7 Minuten mit schmoren. Die restlichen Semmelbrösel unterrühren und die gehackte Petersilie hinzufügen. Abschließend mit Majoran, Salz und Pfeffer abschmecken.

DEN BACKOFEN auf 200 °C vorheizen. Die noch warmen Pilze auf der Hackfleischmischung gleichmäßig verteilen. Anschließend das Ganze zu einer Roulade aufrollen und mit Speckstreifen umwickeln. Die Hackfleisch-Pilz-Roulade auf ein eingefettetes Backblech legen und ca. 40 Minuten im Ofen garen.

Hackfleischroulade

MIT DREIERLEI PILZEN

TIPP: *Serviert wird die Roulade mit schwäbischem Kartoffelsalat, Spätzle und einer dunklen Bratensauce.*

Indische Hackfleisch-Currysuppe

INFO: *Naan-Brot ist eine Art indisches Fladenbrot, das traditionell im Tandoori-Ofen gebacken wird.*

ZUTATEN *(für 4 Personen)*
1 kg Hackfleisch (Lamm)
250 g Brokkoli
250 g Spinatblätter
250 ml Kokosmilch
250 ml Gemüsebrühe
5 EL Currypulver (Schärfegrad nach Geschmack)
1 EL brasilianischer rosa Pfeffer
(ersatzweise ½ EL Wachholderbeeren)
Salz, weißer Pfeffer

Indische Hackfleisch-Currysuppe

ZUBEREITUNG

DAS LAMMHACKFLEISCH in einer Pfanne ohne Fett bei mittlerer Hitze krümelig braten und mit Salz und Pfeffer abschmecken. Brokkoli waschen und in kleine Röschen teilen, Spinat waschen, in Streifen schneiden und beides zum Hackfleisch geben. Unter regelmäßigem Rühren das Fleisch für weitere 5 Minuten garen.

DIE KOKOSMILCH zusammen mit der Gemüsebrühe zum Hackfleisch geben. Mit Currypulver vorsichtig würzen. Alles gut verrühren, damit sich keine Klumpen bilden. Mit Salz und Pfeffer abschmecken und aufkochen lassen. Vom Herd nehmen und weitere 5 Minuten ziehen lassen.

TIPP: *Am besten schmeckt diese Hackfleisch-Currysuppe mit Naan-Brot oder einem leckeren Bauernbrot.*

ZUTATEN *(für 4 Personen)*

750 g Kartoffeln
500 g Lammhackfleisch
2 Zwiebeln
2 Knoblauchzehen
2 rote Paprika
1 Packung TK-Erbsen
1 Packung TK-Möhren
500 ml passierte Tomaten
1 Bund frischer Oregano
Salz, Pfeffer
Öl zum Braten
1 Tasse Milch
Muskatnuss

Irish Shepherd's Pie

ZUBEREITUNG

KARTOFFELN schälen, vierteln und im Salzwasser gar kochen. Dann abgießen und in eine Schüssel geben. Zusammen mit Milch und Muskatnuss zerstampfen, anschließend mit dem Rührgerät zu einem cremigen Püree verarbeiten.

ZWIEBELN würfeln und zusammen mit dem Hackfleisch in etwas Öl anbraten. Den Knoblauch pressen und unterziehen. Danach die aufgetauten Erbsen und Möhren und gewürfelte Paprika hinzugeben und alles weitere 3 Minuten anbraten. Dann die passierten Tomaten hinzufügen (bei der Menge des Tomatensaftes sparsam sein, sonst wird's zu flüssig) und das Ganze auf mittlerer Hitze köcheln lassen. Mit Salz, Pfeffer und Oregano abschmecken.

DIE HACKFLEISCHMASSE in eine Auflaufform geben und gleichmäßig verteilen. Kartoffelpüree in einen Spritzbeutel füllen und in Wellenlinien auf dem Hackfleisch aufbringen (darauf achten, dass die Tülle groß genug ist). Alles in den auf 180 °C vorgeheizten Backofen geben und ca. 25 Minuten braten, bis das Kartoffelpüree eine goldbraune Farbe angenommen hat.

Irish Shepherd's Pie

Italienischer Hackbraten

MIT MOZZARELLA

TIPP: *Dazu schmecken frischer grüner Salat und warmes Ciabatta-Brot, alternativ auch frisches Bauernbrot mit Butter.*

ZUTATEN *(für 4 Personen)*

1 kg Hackfleisch (½ Rind, ½ Schwein)
200 g Büffelmozzarella
8 Stücke eingelegte getrocknete Tomate
1 Knoblauchzehe
3 EL Semmelbrösel
1 Ei
100 ml Sahne
1 EL frischer Oregano, gehackt
2 EL frische Petersilie, gehackt
Salz, Pfeffer
Olivenöl zum Fetten der Form

Italienischer Hackbraten

MIT MOZZARELLA

ZUBEREITUNG

BACKOFEN auf 180 °C vorheizen. Den Mozzarella in kleine Würfel und getrocknete Tomaten in sehr feine Streifen schneiden. Den Knoblauch pressen. Semmelbrösel, aufgeschlagenes Ei, Sahne, gehackten Oregano und die Petersilie zusammen mit dem Hackfleisch in eine Schüssel geben, mit Salz und Pfeffer würzen und kräftig durchkneten.

EINE RECHTECKIGE KUCHENFORM mit dem Olivenöl mit einem Pinsel einfetten und gleichmäßig mit der Hackmasse befüllen. Die Hackfleischmischung in den Ofen geben und auf mittlerer Schiene 40 Minuten lang braten. Der Hackbraten sollte eine gleichmäßige Bräune bekommen. Wird er zu dunkel, ein Stück Alufolie darüber legen. Danach 5 bis 10 Minuten abkühlen lassen. Den Hackbraten auf eine Platte stürzen und in Scheiben schneiden.

ZUTATEN *(für 4 Personen)*

800 g Hackfleisch
(½ Rind, ½ Schwein)
4 Schalotten
6 Sardellenfilets
1½ altbackene Weißbrötchen
1–2 Eier, 1 Tasse Milch
¾ Bund gehackte Petersilie
Salz, Pfeffer, 1 Lorbeerblatt
1 l Rinderbrühe

FÜR DIE SAUCE:
3 EL Butter
3 EL Mehl
¾ Becher Schlagsahne
4 EL Kapern
Saft von 1 Zitrone
Salz, Pfeffer

Königsberger Klopse

ZUBEREITUNG

BRÖTCHEN in dünne Scheiben schneiden und einige Minuten in Milch einweichen. Dann ausdrücken und in eine Schüssel geben. Die Schalotten in Würfel schneiden und zusammen mit dem Hackfleisch hinzufügen. Sardellenfilets klein schneiden und mit den Eiern sowie der Hälfte der gehackten Petersilie zur Hackfleischmasse geben. Dann das Ganze mit den Händen zu einer gleichförmigen Masse verkneten. Mit Salz und Pfeffer abschmecken und tischtennisball-große Klopse formen.

RINDERBRÜHE zusammen mit dem Lorbeerblatt in einem großen Topf aufkochen und die Klopse hineingeben. Die Temperatur absenken und Klopse für 15 Minuten gar ziehen lassen. Danach aus der Brühe nehmen und warm stellen.

FÜR DIE SAUCE Butter in einer Pfanne mit hohem Rand (oder im Topf) zerlassen und mit dem Schneebesen Mehl unterrühren, so dass eine cremige Masse entsteht. Ständig rühren, damit diese nicht anbrennt. Nun die Rindfleischbrühe, in der die Klopse gegart wurden, unter ständigem Rühren kellenweise dazugeben. Schlagsahne und Kapern hinzufügen und mit Salz, Pfeffer und Zitronensaft abschmecken. Danach Klopse in die Sauce legen, restliche Petersilie unterrühren und das Ganze erhitzen – nicht kochen!

TIPP: *Königsberger Klopse werden am besten mit Salzkartoffeln serviert.*

Königsberger Klopse

Persische Äpfel

TIPP: *Zu den Persischen Äpfeln passt entweder ein aromatischer Wildreis oder ein schmackhafter Kerala Reis besonders gut.*

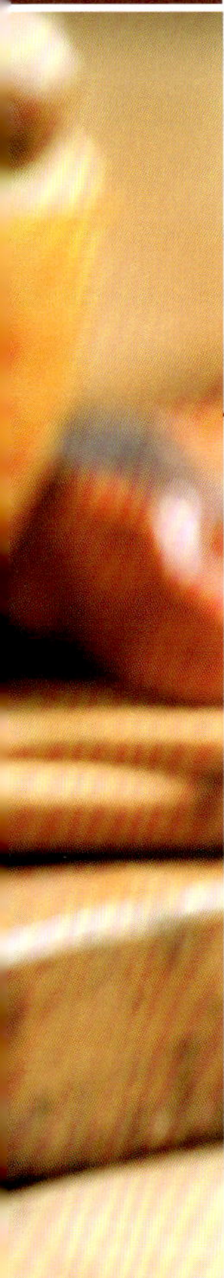

ZUTATEN *(für 4 Personen)*
500 g Hackfleisch (Rind)
8 größere Bioäpfel
1 ½ rote Zwiebeln
2 EL geschälte Erbsen
3 EL Butterschmalz
Salz, Pfeffer, ½ TL Zimt
20 g Butter
¼ Tasse Apfelessig
½ Tasse Wasser, 1 Prise Zucker

Persische Äpfel

ZUBEREITUNG

ÄPFEL gründlich waschen, dann jeweils auf der Stielseite „köpfen", dieser Teil dient später als Deckel (ca. 1 cm). Das Kerngehäuse entfernen (ausstechen) und die Äpfel mit einem Teelöffel so aushöhlen, dass noch ein dicker Rand Fruchtfleisch stehen bleibt.

ERBSEN ca. 30 Minuten in Wasser kochen, abgießen und zu einem Mus zerdrücken. Zwiebeln würfeln und in Butterschmalz leicht andünsten. Hackfleisch hinzugeben und leicht anbraten. Nach einiger Zeit Erbsenmus, Salz, Pfeffer und Zimt hinzugeben, alles gut mischen und für weitere 3 Minuten bei mittlerer Hitze braten.

DIE HACKFLEISCHMISCHUNG in die Äpfel geben und mit dem Apfeldeckel verschließen. Die Äpfel in eine feuerfeste Form geben. Das restliche Hackfleisch um die Äpfel verteilen. Alles für 30 Minuten bei 250 °C in den vorgeheizten Backofen geben.

WÄHRENDDESSEN die Butter erhitzen, Essig, Wasser und Zucker hinzufügen und kurz aufkochen lassen. Den Sud nach einer Backzeit von 15 Minuten über die Äpfel gießen und diese für weitere 15 Minuten garen lassen.

ZUTATEN *(für 2 Personen)*

400 g Hackfleisch (Rind)
120 g Bergkäse
2 rote Zwiebeln
½ rote Paprika, ½ gelbe Paprika
150 g Kirschtomaten
¼ Bund Basilikum
2 Knoblauchzehen
120 g Champignons
160 ml Tomatensaft
Oregano, Salz, Pfeffer
Olivenöl
400 g fertiger Pizzateig

Pizza

MIT HACKFLEISCH & BERGKÄSE

ZUBEREITUNG

DEN BERGKÄSE in Scheiben und die Zwiebeln in dünne Ringe schneiden. Knoblauch durchpressen und die Paprika waschen, entkernen und in dünne Streifen schneiden. Kirschtomaten waschen, halbieren und entkernen. Basilikum in Streifen schneiden.

IN EINER PFANNE etwas Olivenöl erhitzen und das Hackfleisch darin anbraten. Knoblauch zugeben und mit Salz und Pfeffer würzen. Dann den Tomatensaft hinzufügen und einkochen lassen. Abschließend Oregano und Basilikum unterheben.

DEN BACKOFEN auf 220 °C vorheizen. Den Pizzateig ausrollen und eine mit Öl eingestrichene Pizzaform damit auskleiden. Die Hackfleischmischung darauf verteilen und mit Champignons, Tomaten, Paprika und Zwiebeln und zuletzt mit den Scheiben vom Bergkäse belegen. Mit Pfeffer und Oregano würzen. Dann die Pizza in den Ofen geben und auf mittlerer Schiene 10–12 Minuten backen.

TIPP: *Ein gemischter Salat ist dazu eine perfekte Ergänzung.*

Pizza

MIT HACKFLEISCH & BERGKÄSE

Rumänische Kohlrabi

IN DILLSAUCE

TIPP: *Die gefüllten Kohlrabi mit Reis oder Kartoffelpüree servieren.*

ZUTATEN *(für 4 Personen)*
6 Kohlrabi, mittelgroß
400 g Hackfleisch
(½ Rind, ½ Schwein)
1 Gemüsezwiebel
1½ EL Paprikapulver, edelsüß
Salz, Pfeffer
1 Bund Petersilie, gehackt

FÜR DIE DILLSAUCE:
3 EL Mehl
200 ml Milch
1 Becher Sahne
1 Bund Dill, gehackt
Salz
1 l Wasser

Rumänische Kohlrabi

IN DILLSAUCE

ZUBEREITUNG
KOHLRABI SCHÄLEN und an der Strunkseite mit einem scharfen Messer und einem Teelöffel aushöhlen. Zwiebel in feine Würfel schneiden und zusammen mit Hackfleisch, Paprikapulver, Salz, Pfeffer und der Petersilie zu einer gleichmäßigen Masse verarbeiten. Die Kohlrabi mit dem Hackfleisch füllen.

FÜR DIE DILLSAUCE das Mehl in der Pfanne kurz anschwitzen (nicht bräunen!) und mit Milch ablöschen. Danach die Sahne unterrühren und den gehackten Dill hinzugeben. Mit Salz abschmecken und unter stetigem Rühren für eine Minute aufkochen lassen. Danach den Topf von der Herdplatte nehmen und mit einem Liter Wasser auffüllen. Dabei stets rühren, damit sich keine Klumpen bilden.

DIE GEFÜLLTEN KOHLRABI in einen großen Topf geben und mit der Dillsauce übergießen. Achten Sie darauf, dass die Kohlrabi vollständig mit Sauce bedeckt sind. Anschließend bei mittlerer Hitze 90 Minuten köcheln lassen.

ZUTATEN

500 g Hackfleisch
(½ Rind, ½ Schwein)
700 g Kartoffeln
500 g Sauerkraut (eingelegt)
2 Tomaten
1 Zwiebel
Salz, Pfeffer
2 EL Tomatenmark

FÜR DIE ZWIEBEL-SPECK-SAUCE:
2 Zwiebeln
200 g gewürfelter Speck
½ EL Butter
¼ TL gekörnte Brühe
2 Päckchen „Dunkle Bratensauce“, 500 ml Wasser

Sauerkrautauflauf

MIT ZWIEBEL-SPECKSAUCE

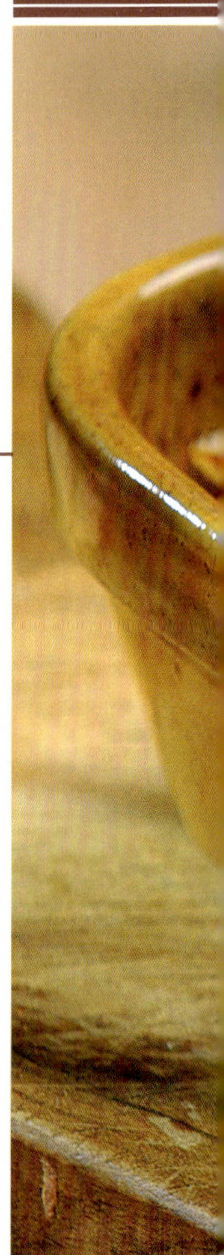

ZUBEREITUNG

TOMATEN UND ZWIEBEL würfeln und zusammen mit dem Hackfleisch in die Pfanne geben. Mit Salz, Pfeffer und Tomatenmark abschmecken und bei mittlerer Hitze 10 Minuten garen lassen. Die Kartoffeln schälen und in feine Scheiben schneiden. Das Sauerkraut abgießen und in einer Auflaufform gleichmäßig verteilen. Mit dem Hackfleisch bedecken. Abschließend die Kartoffelscheiben schuppenförmig darauf legen.

FÜR DIE ZWIEBEL-SPECK-SAUCE in einer Pfanne die in dünne Ringe geschnittenen Zwiebeln in der Butter glasig andünsten, den Speck zugeben und kurz mitrösten. Mit dem Wasser aufgießen. Die gekörnte Brühe und das Bratensaucenpulver dazugeben. Alles gut verrühren und zu einer sämigen Sauce aufkochen.

DIE SAUCE gleichmäßig über den Auflauf gießen. Den Auflauf für mindestens 30 Minuten in den auf 200 °C vorgeheizten Backofen geben und garen lassen.

TIPP: *Der Sauerkrautauflauf schmeckt sehr gut mit frischem Brot und/oder einem bunten Frühlingssalat.*

Sauerkrautauflauf

MIT ZWIEBEL-SPECKSAUCE

Scharfe Lammbällchen

IN KOKOSMILCH

ZUTATEN *(für 4 Personen)*

FÜR DIE LAMMBÄLLCHEN:
1 kg Lammhackfleisch
1 Gemüsezwiebel
2 grüne Chilischoten
3 TL frischer Ingwer, gerieben
3 Knoblauchzehen
1 TL Kardamompulver
Salz, Pfeffer
1 Ei, 4 EL Semmelbrösel
Olivenöl

FÜR DIE SAUCE:
1½ EL Olivenöl
1 Zwiebel, 1 Chilischote
3 TL frischer Ingwer, gerieben
2 Knoblauchzehen
1 TL Kurkuma, 3 TL Korianderpulver
2 TL Kreuzkümmelpulver
1 TL Chilipulver, 3 EL Weißweinessig
350 ml Wasser, 300 ml Kokosmilch
200 g Joghurt

Scharfe Lammbällchen

IN KOKOSMILCH

ZUBEREITUNG

FÜR DIE LAMMBÄLLCHEN Gemüsezwiebel klein würfeln, Chilischoten waschen, entkernen, sehr klein schneiden und beides in eine Schüssel geben. Lammfleisch, Ingwer und durchgepressten Knoblauch hinzufügen. Kardamom, Salz, Pfeffer, Ei und Semmelbrösel hinzufügen und alles gründlich miteinander vermengen. In der Pfanne Öl erhitzen, aus der Hackfleischmasse kleine Bällchen formen und darin knusprig braten. Fleischbällchen aus der Pfanne nehmen, auf Küchenkrepp abtropfen lassen und beiseitestellen.

FÜR DIE SAUCE Zwiebeln klein würfeln, Chilischote waschen, entkernen und klein schneiden, den Knoblauch durchpressen. Alles zusammen mit dem Ingwer bei mittlerer Hitze in Öl dünsten. Mit Wasser ablöschen. Essig, Kurkuma, Koriander, Kreuzkümmel und Chilipulver untermischen und aufkochen lassen. Dann die Fleischbällchen zugeben und bei geschlossenem Deckel und kleiner Hitze 30 Minuten köcheln lassen. Kokosmilch und Joghurt miteinander verrühren und ebenfalls zu den Fleischbällchen in die Sauce geben. Gut verrühren und weitere 10 Minuten bei geringer Hitze köcheln lassen.

TIPP: *Die Lammbällchen in Kokosmilchsauce am besten mit Reis servieren.*

Schwäbische

ZUTATEN *(für 4 Personen)*

FÜR DEN TEIG:
500 g Mehl
4 Eier
1 Prise Salz
Wasser

FÜR DIE FÜLLUNG:
500 g Hackfleisch
(½ Rind, ½ Schwein)
4 P. Landjäger (à 2)
1 ½ altbackene Brötchen
30 g Lauch
150 g frischer Spinat
30 g Speck
1 Zwiebel
3 Eier
Muskat
Majoran
Salz, Pfeffer

FÜR DIE BRÜHE:
2 l Gemüse- oder Rindfleischbrühe
2 große Zwiebeln
2 EL Butter

FÜR DIE FERTIGSTELLUNG DER MAULTASCHEN:
1 Eigelb

Maultaschen in der Brühe

Schwäbische

ZUBEREITUNG

TEIG:

Mehl, Eier, etwas Wasser und Salz zu einem geschmeidigen Teig verarbeiten. Ca. 15 Minuten ruhen lassen. Dann den Teig ca. 3 mm dick ausrollen (geht gut mit der Nudelmaschine). Danach entweder 10 x 10 cm große Teig-Quadrate herausschneiden oder mit einem Glas (großer Durchmesser) die gewünschte Form ausstechen. Für große Maultaschen die Hackfleischfüllung auf eine Teigplatte legen und mit einer zweiten Teigplatte bedecken. Für kleinere Maultaschen auf die Hälfte der Teigplatte die Füllung geben und die andere Hälfte darüber klappen. Die Ränder mit Eigelb bestreichen, übereinanderlegen und mit den Zinken einer Gabel fest zusammendrücken.

Maultaschen in der Brühe

FÜLLUNG:
Das Brötchen in lauwarmem Wasser für wenige Minuten einweichen und ausdrücken. Lauch in feine Ringe schneiden und in Butter glasieren. Speck klein würfeln und andünsten. Die Landjäger enthäuten und zusammen mit Lauch und Spinat durch den Fleischwolf drehen. Dann Brötchen, Speck, fein gewürfelte Zwiebel, Eier und Hackfleisch hinzugeben und alles zu einer gleichmäßigen Masse verkneten. Mit den Gewürzen kräftig abschmecken. (Wer keinen Spinat in schwäbischen Maultaschen mag, lässt ihn einfach weg.)

BRÜHE:
In einem großen Topf die Brühe aufkochen. Dann die Temperatur etwas reduzieren und die Maultaschen in die Brühe geben. Ca. 15–20 Minuten ziehen lassen, bei großen Maultaschen etwas länger. Kurz bevor die Maultaschen gar sind, zwei große Zwiebeln würfeln und in einer Pfanne bei mittlerer Hitze in Butter langsam dunkelbraun anrösten. Die Zwiebeln direkt aus der Pfanne zu den Maultaschen in die Brühe geben. Den Bund Schnittlauch in Röllchen schneiden und ebenfalls dazugeben. Traditionell werden Maultaschen in der Brühe mit schwäbischem Kartoffelsalat serviert, der direkt zu den Maultaschen in den Suppenteller gegeben wird.

TIPP: *Wenn Maultaschen übrig bleiben: Am nächsten Tag in ca. 1 cm breite Streifen schneiden und in der Pfanne mit Butter anbraten. Ein aufgeschlagenes Ei darüber geben und mit grünem Salat servieren.*

ZUTATEN *(für 4 Personen)*
1 kg Hackfleisch (½ Rind, ½ Schwein)
250 ml Schlagsahne
2 Eier
4 EL Semmelbrösel
Salz, Pfeffer
Butter
4 TL Bratenfond
6 EL Mehlschwitze
750 ml Wasser

Schwedische Köttbullar

ZUBEREITUNG

FÜR DIE KÖTTBULLAR das Hackfleisch zusammen mit den Eiern, den Semmelbröseln und 4 EL Schlagsahne zu einer geschmeidigen Masse vermengen und mit Salz und Pfeffer würzen. Kleine Bällchen formen und diese in Butter durchbraten.

FÜR DIE SAHNESAUCE Wasser, die restliche Sahne, den Bratenfond und das Bratfett aus der Pfanne zusammen in einen Topf geben und erhitzen. Die Mehlschwitze einrühren und aufkochen lassen. Mit Salz und Pfeffer abschmecken.

TIPP: *Am besten schmecken Köttbullar, wenn sie mit Preiselbeermarmelade oder -kompott, cremigem Kartoffelpüree und der Sahnesauce serviert werden.*

Schwedische Köttbullar

Steinpilzquiche

MIT TATAR

TIPP: *Zu dieser Quiche passt ein sommerlicher Salat wunderbar.*

ZUTATEN *(für 4 Personen)*

250 g Tatar
250 g Steinpilze
200 g Weizenmehl
¼ Bund gemischte Kräuter
1 Zwiebel, 180 g Butter
1 Eigelb, 3 Eier
3 EL Wasser
2 EL Semmelbrösel
100 g Frühstücksspeck
2 Frühlingszwiebeln, 3 Tomaten
125 g (Kräuter) Crème fraîche
Salz, Pfeffer

Steinpilzquiche

MIT TATAR

ZUBEREITUNG

KRÄUTER waschen und klein hacken. Dann Mehl, 150 g Butter, das Eigelb, 1 EL Wasser und die Hälfte der gehackten Kräuter zu einem geschmeidigen Teig verarbeiten. Für mindestens eine Stunde kalt stellen. TATAR zusammen mit 1 Ei, den Semmelbröseln, Zwiebelwürfeln, 2 EL Wasser und den restlichen Kräutern vermengen und gründlich durchkneten. Anschließend daraus kleine Bällchen formen.

FRÜHSTÜCKSSPECK in Streifen schneiden und in der restlichen Butter bei mittlerer Hitze (nicht kross) anbraten. Aus der Pfanne heben und beiseitestellen. In diesem Fett die zuvor in kleine Würfel bzw. Scheiben geschnittenen Steinpilze 10 Minuten dünsten. Zwischendurch (nach 5 Minuten) die in Ringe geschnittenen Frühlingszwiebeln hinzufügen. Tomaten enthäuten, vierteln, entkernen und zur Seite stellen.

DEN TEIG ausrollen und eine Springform bis über den Rand damit auslegen. Den Ofen auf 200 °C vorheizen, Teig mit einer Gabel einstechen und 5 Minuten vorbacken. Danach die Fleischbällchen in der Springform verteilen und für weitere 10 Minuten backen.

DIE FORM aus dem Ofen nehmen und zwischen den Fleischbällchen Pilze, Tomaten und Frühstücksspeckstreifen verteilen. 2 Eier mit Kräuter-Crème fraîche verrühren, mit Salz und Pfeffer abschmecken und über die Fleischbällchen gießen (gut verteilen). Die Form wieder in den Ofen zurückstellen. Die Temperatur auf 180 °C verringern und die Quiche für weitere 25–30 Minuten backen.

ZUTATEN *(für 4 Personen)*
300 g Hackfleisch (Schwein)
200 g Shrimps
350 g grüne TK-Bohnen
3 rote Peperoni
40 g Ingwer
2 Knoblauchzehen
2 EL Öl
100 ml Gemüsebrühe
4 EL Limettensaft
3 EL Sojasauce
Salz, Pfeffer, Chilipulver

Thailändische Hackfleischpfanne

MIT SHRIMPS

ZUBEREITUNG

DIE KNOBLAUCHZEHEN abziehen und durchpressen, den Ingwer schälen und sehr klein hacken, die Peperoni entkernen und in dünne Streifen schneiden.

DAS ÖL in einer Pfanne stark erhitzen, Knoblauch, Ingwer und Peperoni wie auch das Hackfleisch hinzufügen und bei großer Hitze für ca. 3–4 Minuten anbraten. Danach die Bohnen zugeben, die Gemüsebrühe angießen und alles bei mittlerer Hitze 8 Minuten zugedeckt köcheln lassen.

DIE SHRIMPS gründlich waschen und in die Hackfleischpfanne geben. Sojasauce und Limettensaft unterrühren und alles abschließend mit Salz, Pfeffer und Chilipulver abschmecken.

Thailändische Hackfleischpfanne

MIT SHRIMPS

TIPP: *Die thailändische Hackfleisch-pfanne wird am besten mit breiten Glasnudeln serviert.*

Überbackene Frikadellen-Gruyère-Rösti

ZUTATEN *(für 6 Personen)*
300 g Hackfleisch
(½ Rind, ½ Schwein)
6 TK-Rösti-Taler
1 altbackenes Brötchen
2 Schalotten
4 EL Butter, 1 Ei
3 Tomaten
3 Gewürzgurken
12 Scheiben Gruyère
1 Bund frischer Thymian

Überbackene Frikadellen-Gruyère-Rösti

ZUBEREITUNG

DAS BRÖTCHEN zunächst 5 Minuten in lauwarmem Wasser einweichen. Danach ausdrücken und zusammen mit dem Hackfleisch in eine Schüssel geben. Die Schalotten fein würfeln, in 1 EL Butter anschwitzen und dann zum Hackfleisch geben. Das Ei hinzufügen. Alle Zutaten gründlich verkneten und aus der Hackfleischmischung 6 Frikadellen formen.

DIE FRIKADELLEN in der restlichen Butter von beiden Seiten knusprig braun anbraten. Gleichzeitig die Rösti-Taler nach Packungsanweisung braten, mit Küchenkrepp das überschüssige Öl abnehmen und die Rösti auf ein gefettetes Backblech legen.

DEN BACKOFEN auf 220 °C vorheizen. Tomaten und Gurken in dünne Scheiben schneiden, den Thymian klein hacken. Auf jeden Rösti-Taler zunächst eine Frikadelle, dann Tomaten- und Gurkenscheiben legen, mit Thymian bestreuen und abschließend mit je 2 Scheiben Gruyère-Käse bedecken. Rösti ca. 6–8 Minuten im Ofen überbacken.

TIPP: *Dazu passt ein knackiger gemischter Salat besonders gut.*

ZUTATEN *(für 4 Personen)*
600 g Mett
4 Scheiben mittelalter Gouda
3 Tomaten
½ Eisbergsalat
1 Bund Basilikum
12 große Blätter Basilikum
100 ml Crème fraîche
12 Blatt frische Minze
100 g Mayonnaise
2 EL Apfelessig
Salz, Pfeffer

Überbackene Tomaten-Mett-Muffins

ZUBEREITUNG
BASILIKUM waschen, trocken tupfen, klein schneiden und mit dem Mett gut vermengen. Mett in einem vorher leicht gefetteten Muffin-Backblech mit 12 Vertiefungen gleichmäßig verteilen. Den Ofen auf 125 °C vorheizen und die Mett-Muffins für 30 Minuten garen.

WÄHRENDDESSEN den Salat waschen und in dünne Streifen schneiden. Den Käse in 12 Portionen und die Tomaten in jeweils 4 gleich dicke Scheiben teilen. Die Mayonnaise mit Crème fraîche und Essig verrühren. Mit Salz und Pfeffer abschmecken. Dann die Minze klein hacken und unter das Dressing mischen.

METT-MUFFINS aus den Formen heben und auf einem Backblech verteilen. Mit je einer Tomatenscheibe, einem Blatt Basilikum und dem Käse belegen. Danach in den Ofen geben und für 2–3 Minuten überbacken.

ÜBER DEN Eisbergsalat das Minzdressing geben und die Mett-Muffins darauf anrichten.

Überbackene Tomaten-Mett-Muffins

Wirsing-Hack-Auflauf

NACH BAUERNART

ZUTATEN *(für 4 Personen)*

400 g Hackfleisch (½ Rind, ½ Schwein)	3 TL Senf
750 g Wirsing	5 Tomaten
2 altbackene Weißbrötchen	4 EL Semmelbrösel
2 Eier	¼ Bund Petersilie
4 Zwiebeln (mittlere Größe)	3 EL Butter
	Margarine zum Einfetten

Wirsing-Hack-Auflauf

NACH BAUERNART

ZUBEREITUNG

ZUNÄCHST ca. 10 Blätter vom Wirsing lösen, anschließend den Wirsingkopf halbieren. Den Strunk herausschneiden und beide Wirsinghälften in siedendes Salzwasser geben. 10 Minuten ziehen lassen. Dann die 10 abgetrennten Blätter zufügen und alles weitere 5 Minuten ziehen lassen. Danach das Wasser abgießen, die großen Blätter zur Seite legen und die Wirsinghälften in dünne Streifen schneiden (alles vorher ein wenig abkühlen lassen).

WIRSINGSTREIFEN, Hackfleisch, Eier, 2 Zwiebeln und Senf in eine Schüssel geben. Die Brötchen für einige Minuten in Wasser einweichen, ausdrücken und ebenfalls dazugeben. Die Hackfleischmasse verkneten und nach Belieben würzen.

EINE FEUERFESTE FORM mit Margarine einfetten und mit großen Wirsingblättern auslegen. Dann einen Teil der Hackfleischmasse darauf geben. Jetzt abwechselnd Wirsingblätter und Hackfleischmasse in die Form schichten. Den Auflauf mit Tomatenscheiben (ohne Schale) und Zwiebelringen belegen. Abschließend Semmelbrösel und Butterflocken darauf verteilen. Das Ganze im vorgeheizten Ofen bei 225 °C ca. 35 Minuten backen. Vor dem Servieren mit der fein gehackten Petersilie bestreuen.

TIPP: *Wer zum Auflauf eine Sättigungsbeilage servieren möchte: Salzkartoffeln schmecken sehr gut dazu.*

ZUTATEN *(für 4 Personen)*
1 kg gemischtes Hackfleisch

FÜR DIE ZIGEUNERSAUCE:
5 Zwiebeln
3 Paprika (rot, gelb, grün)
2 Chilischoten
7 EL Öl
300 ml Gemüsebrühe
½ Tube Tomatenmark
100 ml Tomatenketchup
Salz, Pfeffer, Paprikapulver

Zigeunerhackfleisch

VOM BLECH

ZUBEREITUNG

DAS HACKFLEISCH mit Salz, Pfeffer und Paprika würzen und gut verkneten. Ein Backblech einfetten und das Hackfleisch darauf gleichmäßig verteilen.

DIE ZWIEBELN würfeln. Paprikaschoten waschen, entkernen und in Streifen schneiden. Die Chilischoten halbieren, entkernen und in dünne Streifen schneiden. Das Öl in eine große Pfanne geben und erhitzen. Zwiebeln, Paprika- und die Chilischoten bei mittlerer Hitze darin weich dünsten. Mit der Gemüsebrühe auffüllen, Tomatenmark und Tomatenketchup unterrühren. Mit Salz, Pfeffer und Paprikapulver abschmecken und kurz aufkochen lassen.

DIE ZIGEUNERSAUCE gleichmäßig über dem Hackfleisch verteilen. Das Zigeunerhackfleisch bei 200 °C im Backofen 45 Minuten braten.

TIPP: *Pommes frites schmecken sehr gut dazu.*

Zigeunerhackfleisch

VOM BLECH

Zucchini-Schmand-Torte

ZUTATEN *(für 4 Personen)*

500 g Hackfleisch (½ Rind, ½ Schwein)	2 Eier
140 g Butter	1 große Zwiebel
200 g Schmand	1 Knoblauchzehe
220 g Mehl	1 Bund gemischte Kräuter
150 g Zucchini	Salz, Pfeffer
200 g mittelalter Gouda	Öl

Zucchini-Schmand-Torte

ZUBEREITUNG

EINEN TAG ZUVOR den Teig vorbereiten. Dazu Mehl, Butter, 80 g Schmand und eine Prise Salz zu einem glatten Teig kneten. Über Nacht ruhen lassen.

DIE ZWIEBELN würfeln und glasig dünsten. Das Hackfleisch hinzufügen und mit anbraten. Nach 3 Minuten die zuvor in dünne Stifte oder Scheiben geschnittenen Zucchini zugeben. Weitere 3–5 Minuten braten. Die Hackfleischmasse vom Herd nehmen und abkühlen lassen.

DEN GOUDA reiben und 150 g vom geriebenen Käse mit dem restlichen Schmand, den Eiern, gemischten Kräutern und durchgepresstem Knoblauch verrühren. Mit Salz und Pfeffer abschmecken und die Käse-Schmand-Mischung anschließend gleichmäßig unter die Hackfleischmasse heben.

DEN BACKOFEN auf 160 °C vorheizen. Den Teig ausrollen und in eine Springform geben – dabei auch die Ränder mit Teig bedecken. Dann die Hackfleischmasse gleichmäßig auf dem Teig verteilen und den restlichen Käse darüber streuen. Im Backofen 45–50 Minuten überbacken.

TIPP: *Dazu schmeckt ein knackiger gemischter Salat wunderbar. Wenn die Knoblauch-Note weniger intensiv sein soll, kann man den Knoblauch schon vorher mit den Zucchini-Stiften zum Hackfleisch geben.*

Schnupper-Rezept

Lauch-Kartoffel-Cremesuppe

ZUTATEN

(Für 4 Personen)
500 g Kartoffeln
3 Stangen Lauch
2 Zwiebeln
2 EL Olivenöl
1 Gemüsebrühwürfel
Salz, Pfeffer

ZUBEREITUNG

Lauch gründlich putzen, waschen und in Ringe schneiden. Kartoffeln schälen, waschen und würfeln. Die Zwiebeln abziehen, klein schneiden und in Olivenöl bei schwacher Hitze anbräunen. Die Lauchringe und Kartoffelwürfel hinzufügen. Gut umrühren und das Gemüse weitere zehn Minuten mit anschwitzen.

Eineinhalb Liter Wasser dazugießen, den Brühwürfel zerbröseln, mit hineingeben und das Ganze ca. eine Stunde köcheln lassen. Abschließend die Suppe pürieren und mit Salz und Pfeffer würzen.

Leckere feine Suppen
96 Seiten, Spiralbindung
€ 9,95
ISBN: 978-3-7843-5074-5

... und 37 weitere leichte

Lauch-Kartoffel-Cremesuppe

Suppen-Rezepte der „Leckere ...“ Erfolgsreihe.

Schnupper-Rezept

Mediterrane Kartoffelstäbchen

ZUTATEN *(für 4 Personen)*
2 kg große Frühkartoffeln (können ungeschält gegessen werden)
Olivenöl
5 Knoblauchzehen
3 Zweige Rosmarin
Meersalz, Pfeffer
1 unbeh. Zitrone

ZUBEREITUNG

ZUNÄCHST ein Backblech im Backofen bei 200 °C Ober- und Unterhitze vorheizen. Die Kartoffeln gut waschen, trocken reiben und in 1 cm dicke Stäbe schneiden. Ca. 10 Minuten in Salzwasser vorkochen und abgießen.

IN EINER PFANNE etwas Olivenöl erhitzen, die geschälten Knoblauchzehen mit den Kartoffeln darin wenden. Mit Pfeffer würzen. Alles auf das vorgewärmte Backblech verteilen und ca. 20 Minuten im Backofen goldbraun backen.

WÄHRENDDESSEN die Rosmarinnadeln abzupfen, mit der Zitronenschale fein hacken und mit Meersalz mischen. Variante: Die Zutaten in einen Mörser geben und zerreiben.

DIE KARTOFFELSTÄBCHEN, wenn sie aus dem Ofen kommen, direkt mit Salz bestreuen.

Mediterrane Kartoffelstäbchen

kreative Gerichte der „Leckere …" Erfolgsreihe.

Die „Leckere …“ Erfolgsreihe

Leckere Schokoladen-Sünden
96 Seiten, Spiralbindung
€ 9,95
ISBN: 978-3-7843-5076-9

Wahre Schoko-Sünden!

Grandiose Schokoladen-Rezepte auf einen Blick: teuflische Torten, sündige Desserts und verführerisches Konfekt. Schnell zubereitete Schmankerl sind genauso vertreten wie üppige Schoko-Bomben.

Dieses tolle Tortenbuch mausert sich zum echten Küchenklassiker. Nussbiskuittorte, Tiramisu-, Himbeer-Sahnetorte, u. v. m. begeistern Hobbybäckerinnen und -bäcker!

Leckere Torten-Träume
96 Seiten, Spiralbindung
€ 9,95
ISBN: 978-3-7843-5025-7

Diese Torten sehen nicht nur imposant aus – sie sind es auch! Sahne, Marzipan, Schmand und Früchte wechseln sich mit lockeren Biskuitböden ab und machen besondere Anlässe noch schöner.

Leckere Festtags-Torten
104 Seiten, Spiralbindung
€ 9,95
ISBN: 978-3-7843-5092-9

Dieses Buch beinhaltet die besten Rezepte für abwechslungsreiche Spargel-Gerichte. Eine praktische Sammlung, die während der Spargelsaison in keiner Küche fehlen darf!

Leckere Spargel-Rezepte
96 Seiten, Spiralbindung
€ 9,95
ISBN: 978-3-7843-5093-6

Neben klassischen Gerichten wie Flammkuchen oder Schinkenpfannkuchen enthält das Buch auch außergewöhnliche, aber leicht nachzubackende Rezepte wie Spargelkuchen oder Stielmus-Quiche.

Leckere Herzhafte Kuchen
96 Seiten, Spiralbindung
€ 9,95
ISBN: 978-3-7843-5044-8

Diese leckeren Kuchen- und Gebäckideen wie Tiramisu, Quarktörtchen und vieles mehr ergeben einfache, feine Desserts. So manches Rezept lässt sich selbstverständlich auch vielseitig für die Kaffeetafel verwenden.

Leckere Kuchen-Desserts
96 Seiten, Spiralbindung
€ 9,95
ISBN: 978-3-7843-5035-6

Frühlingszeit ist Spargelzeit!

Dieses Buch beinhaltet die besten Rezepte für abwechslungsreiche Spargel-Gerichte. Eine praktische Sammlung, die während der Spargelsaison in keiner Küche fehlen darf!

Leckere Spargel-Rezepte
96 Seiten, Spiralbindung
€ 9,95
ISBN: 978-3-7843-5073-8

Wir lieben das Landleben.

... bietet tolle Rezepte zu den verschiedensten Themen. Keine überladenen Ideen, sondern einfache, kreative Gerichte. Die praktische Spiralbindung ist perfekt für den Küchenalltag.

Die besten Salate

Salate für jede Gelegenheit: Sie finden Variationen mit verschiedenen Gemüsesorten und Blattsalaten, Kreationen mit Fisch oder Fleisch und verschiedene Fruchtsalate.

Leckere Salat-Genüsse
96 Seiten, Spiralbindung
€ 9,95
ISBN: 978-3-7843-5075-2

Unverzichtbar, beliebt, kultverdächtig: Entdecken Sie neue Nudelsalat-Ideen: Knoblauch-Speck-Nudelsalat, sommerlicher Pasta-Salat, schneller Pesto-Nudelsalat und viele mehr. Köstlich!

Leckere Nudel-Salate
96 Seiten, Spiralbindung
€ 9,95
ISBN: 978-3-7843-5080-6

Suppen, die echte Allrounder sind: leicht, fein und schmackhaft, sowohl in der wärmeren Jahreszeit als auch in kalten Tagen: Cremesüppchen, klare Suppen und fruchtige Kaltschalen.

Leckere feine Suppen
96 Seiten, Spiralbindung
€ 9,95
ISBN: 978-3-7843-5074-5

In tollen Aufläufen, Suppen, Salaten, Pfannengerichten, Teigwaren und vielem mehr wird die Kartoffel mit verschiedensten Gemüsesorten, Saucen, Fleisch und Fisch kombiniert.

Leckere Kartoffel-Rezepte
96 Seiten, Spiralbindung
€ 9,95
ISBN: 978-3-7843-5105-6

Neben Altbewährtem eine schmackhafte Auswahl vieler toller, schneller und kreativer Rezeptideen für den Klassiker auf dem schnellen und günstigen Familienspeiseplan.

Leckere Hackfleisch-Rezepte
96 Seiten, Spiralbindung
€ 9,95
ISBN: 978-3-7843-5090-5

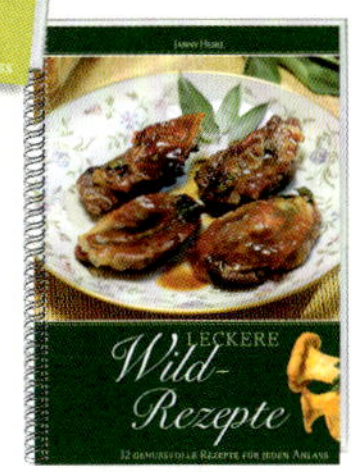

Abwechslungsreiche Wild-Küvhe für Einsteiger und Kenner: Hirschgulasch, Rehkeule oder Wildschweinbraten, kombibiert mit leckeren Saucen, Füllungen und Beilagen.

Leckere Wild-Rezepte
104 Seiten, Spiralbindung
€ 9,95
ISBN: 978-3-7843-5091-2

Erhältlich in jeder Buchhandlung oder unter www.buchweltshop.de

LV·Buch im Landwirtschaftsverlag GmbH · 48084 Münster

LV·Buch im
Landwirtschaftsverlag GmbH,
48084 Münster

Impressum

FOTOS:
Merle Cramer, Münster

LEKTORAT:
Sabine Deing-Westphal, Rhede

GESTALTUNG:
Monika Wagenhäuser, LV·Buch

DRUCK:
LV.Druck GmbH & Co. KG, Münster

ISBN 978-3-7843-5090-5